Extrait du Privilege du Roy.

PAr grace & Privilege du Roy, donné à Paris le huitiesme Janvier 1676. Siné par le Roy en son Conseil, TRUHOT : Il est permis à NICOLAS LANGLOIS Marchand Libraire à Paris, de r'imprimer ou faire r'imprimer, vendre & debiter un Livre intitulé l'*Art de Peinture de Charles Alphonse du Fresnoy, traduit en François, avec des Remarques, & un Dialogue sur le Coloris, par le sieur* DE PILES : Et aussi d'imprimer ou faire imprimer *Diverses Conversations sur l'Art de Peinture, & sur le jugement qu'on doit faire des Tableaux*, qui est la suite desdits Ouvrages, aussi par ledit sieur de Piles, le tout en un ou plusieurs Volumes, en telle marge & caractere qu'il voudra, & ce durant le temps & espace de *vingt années*, avec deffences à tous Libraires, Imprimeurs, ou autres, d'imprimer lesdits Ouvrages, le tout ou en partie, à peine de six mil livres d'amende, confiscation des Exemplaires contrefaits, & de tous despens, dommages & interests, ainsi qu'il est plus au long porté par ledit Privilege.

Registré sur le Livre de la Communauté des Marchands Libraires & Imprimeurs de Paris le 20. Iuillet 1676.

Signé THIERRY, Scyndic.

Ces deux premieres Converſations ſur la connoiſſance de la Peinture, achevées d'imprimer pour la premiere fois en vertu des preſentes le vingtieſme Novembre 1676.

Les Exemplaires ont eſté fournis.

DIALOGUE SUR LE COLORIS.

par de Piles.

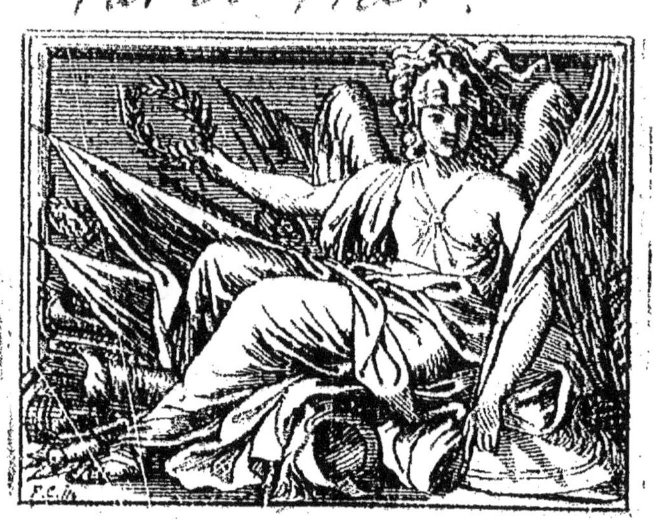

A PARIS,
Chez NICOLAS LANGLOIS, ruë ſaint Jacques, à la Victoire.

M. DC. LXXIII.
AVEC PRIVILEGE DU ROY.

Extrait du Privilege du Roy.

PAR grace & Privilege du Roy, donné à saint Germaiu en Laye le 26. Octobre 1672. Signé, DENIS, & scellé du grand sceau. Il est permis au sieur D. P. de faire imprimer, vendre & distribuer par tel Imprimeur ou Libraire qu'il voudra choisir, un Livre intitulé *Dialogue sur le Coloris*, durant l'espace de six ans, à compter du jour qu'il sera achevé d'imprimer & mis en vente la premiere fois; & défenses sont faites à tous Imprimeurs, Libraires, & autres, de quelque qualité ou condition qu'ils soient de le contrefaire, vendre ny distribuer sans le consentement dudit D. P. à peine de quinze cent livres d'amende, confiscation des exemplaires, & de tous dépens, dommages & interests, ainsi qu'il est plus amplement porté par ledit Privilege.

Et ledit sieur D. P. a cedé & transporté le present Privilege à NICOLAS LANGLOIS, Marchand Libraire à

Paris, pour en joüir ſuivant l'accord fait entr'eux.

Regiſtré ſur le Livre de la Communauté des Imprimeurs & Libraires, ſuivant l'Arreſt du Parlement du 8. Avril 1653. Fait à Paris le 19. Novembre 1672.

Signé, D. THIERRY, Syndic.

Achevé d'imprimer pour la premiere fois le 28. Janvier 1673.

Les Exemplaires ont eſté fournis.

DIALOGUE SUR LE COLORIS.

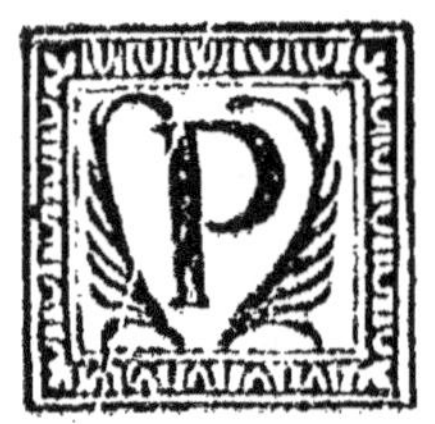

Amphile & Damon ſortant il y a quelques jours de l'Academie de Peinture, & ne ſçachant que faire pour employer le reſte de l'apreſdinée, s'aviſerent de me venir voir : Et comme ce ſont des gens de merite, qui ayment les Arts, & qui s'y connoiſſent tres-bien, je crû que je ne pouvois mieux reconnoiſtre leur civilité, qu'en leur faiſant voir quelques Tableaux & quelques autres curioſitez que j'avois receeus de Rome le jour precedent. Je leur montray donc d'abord cinq ou six Tableaux de mediocre grandeur qu'ils trouverent fort à leur gré ; & apres avoir fait retourner une grande Baccanale qu'un habile homme m'avoit copiée d'apres le Titien : Voila, s'écria brusquement Damon, le sujet de nostre querelle ; & se tournant vers Pamphile : Hé bien, dit-il, voila dequoy vous satisfaire, puisque vous aymez tant le beau Coloris.

Il est vray, dit Pamphile, que je suis sensiblement touché des beautez que je voy dans ce Tableau, & que j'ay fort sur le cœur, que la plusspart des Peintres ne veüillent pas seulement tascher de les découvrir pour les mettre en pratique.

Ne sçaurois-je estre arbitre de vostre different, interrompis-je,

& quelle eſt donc cette querelle?

Nous ſortons de l'Academie de Peinture, reprit Pamphile, & chemin faiſant, nous nous entretenions Damon & moy des choſes qui ſe ſont dites dans la Conference.

Je me doutay auſſi-toſt, puiſque mon Tableau du Titien avoit donné lieu de réveiller la querelle qu'on avoit parlé du Coloris. Je les priay de me faire part de ce qu'ils avoient oüi dans cette Conference (ce qu'ils voulurent bien m'accorder): & pour les y engager davantage, je les retins à ſouper. Cependant nous achevâmes de voir les nouveautez qui m'eſtoient venuës. A table nous ne parlâmes que de nouvelles ; & nous eſtant enſuite approchez du feu, je les remis ſur les voyes, les faiſant ſouvenir de ce qu'ils m'avoient promis. Damon dit d'abord que pour me faire tout entendre & me donner plus de plaiſir, il faloit donc reprendre la choſe dés ſon commencement ; qu'il interrogeroit Pamphile, s'il le vouloit bien, & qu'il luy feroit toutes les objections qui luy viendroient dans l'eſprit contre le merite du Coloris dont on avoit parlé à l'Academie ; car Pamphile aymoit extremement cette partie de la Peinture. Je leur témoignay que cela seroit le mieux du monde ; Pamphile dit qu'il le vouloit fort bien, & Damon regardant Pamphile commença en cette ſorte.

Souffrez, dit-il, avant toutes choſes que je vous demande ce que vous appellez Coloris ?

C'eſt, répondit Pamphile, une des parties de la Peinture, par laquelle le Peintre ſçait imiter la couleur de tous les objets naturels, & diſtribuer aux artificiels celle qui leur eſt la plus avantageuſe pour tromper la veuë.

Et qu'appellez-vous Couleur, continua Damon.

Pour vous répondre en Peintre, dit Pamphile, & laiſſer là les diſputes des Philoſophes, ſçavoir ſi c'eſt quelque choſe de réel, ou ſi c'eſt ſeulement la refraction de la lumiere avec la modification du corps coloré ; je vous diray que la Couleur eſt ce qui rend les objets ſenſibles à la veuë. Or comme les Peintres doivent conſiderer deux ſortes d'objets ; le naturel ou celuy qui eſt veritable ; & l'artificiel ou celuy qui eſt peint ; ils doivent auſſi conſiderer deux ſortes de Couleurs, la naturelle & l'artificielle. La couleur naturelle eſt celle qui nous rend actuellement viſibles tous les objets qui ſont dans la nature ; & l'artificielle eſt une matiere dont les Peintres ſe ſervent pour imiter ces meſmes objets : c'eſt dans ce ſens-là que l'on peut appeller artificielles les couleurs qui ſont ſur la palette du Peintre, dautant que ce n'eſt que par l'artifice de leur mélange que l'on peut imiter la couleur des objets naturels. Le Peintre doit avoir une parfaite connoiſſance de ces deux ſortes de Couleurs : de la naturelle, afin qu'il ſçache ce qu'il doit imiter ; & de l'artificielle pour en faire une compoſition & une teinte capable de repreſenter parfaitement la Couleur naturelle. Il faut qu'il ſçache encore, que dans la Couleur naturelle, il y a la Couleur veritable de l'objet, la Couleur reflechie, & la Couleur de la lumiere ; & parmy les Couleurs artificielles, il doit connoître celles qui ont amitié enſemble (pour ainſi dire) & celles qui ont antipathie ; il en doit ſçavoir les valeurs ſeparement, & par comparaiſon des unes aux autres.

Mais que ſert-il, reprit Damon, de ſçavoir cette amitié & cette antipathie des Couleurs, puis qu'il n'y a qu'à imiter par le mélange des couleurs artificielles celles qui ſont naturelles à l'objet qui eſt devant nos yeux.

La nature, repartit Pamphile, n'eſt pas toûjours bonne à imiter; il faut que le Peintre la choiſiſſe ſelon les regles de ſon Art; & s'il ne la trouve pas telle qu'il la cherche, il faut qu'il corrige celle qui luy eſt preſente. Et de meſme que celuy qui deſſine n'imite pas tout ce qu'il voit dans un modele defectueux, & qu'au contraire, il change en des proportions & des contours avantageux les défauts qu'il y trouve: ainſi le Peintre ne doit pas imiter toutes les couleurs qui ſe preſentent indifferemment, il ne doit choiſir que celles qui luy conviennent, auſquelles (s'il le juge à propos) il en ajoûte d'autres qui puiſſent produire un effet tel qu'il l'imagine pour la beauté de ſon Ouvrage : il ſonge non ſeulement à rendre ſes objets en particulier beaux, naturels & veritables : mais encore il a ſoin de l'union du Tout-enſemble: tantoſt il diminuë de la vivacité du Naturel, & tantoſt il encherit ſur l'éclat & ſur la force des couleurs qu'il y trouve.

Je ſçay bien, dit Damon, qu'on doit corriger les défauts du Naturel ; mais je ne croiois pas que cela allaſt juſqu'à donner plus de vivacité & plus de force qu'il n'y en paroiſt lors que le Peintre l'imite.

Mais que diriez-vous, repliqua Pamphile, ſi l'on vous faiſoit connoiſtre que cette force & cette vivacité, dont vous parlez, ne ſont que pour imiter plus parfaitement la Nature? & que les Tableaux où cela ne se trouve pas sont tres-foibles. Il faut donc pour vous satisfaire que vous fassiez reflexion, Qu'un Tableau est une superficie plate, Que les couleurs n'ont plus leur premiere fraîcheur quelque temps apres qu'elles sont employées, Qu'enfin la distance du Tableau, luy fait perdre de son éclat & de sa force ; & qu'ainsi il est impossible de suppléer à ces trois choses sans artifice. Un habile Peintre ne doit point estre esclave de la Nature, il en doit estre Arbitre, & judicieux imitateur: & pourvû qu'un Tableau fasse son effet, & qu'il impose agreablement aux yeux, c'est tout ce qu'on en peut attendre.

Je voy bien, dit Damon, que vous voulez que le Peintre ne laisse rien échapper de tout ce qui est de plus avantageux dans ſon Art.

Non ſans doute, repartit Pamphile, & vous ſçavez bien qu'un Tableau ne peut eſtre parfait, ſi l'une des parties de la Peinture y manque ; & qu'un Peintre n'eſt pas habile en ſon Art, s'il ignore quelqu'une des parties qui le compoſent. Je blâmeray donc également un Peintre pour avoir negligé le Coloris, comme pour n'avoir pas diſpoſé ſes figures auſſi avantageuſement qu'il le pouvoit faire, ou pour les avoir mal deſſinées.

Il eſt certain, reprit Damon, qu'un Ouvrage n'eſt jamais parfait quand il y manque quelque choſe : mais voudriez-vous que le Coloris fuſt une partie auſſi neceſſaire à la Peinture que le Deſſein.

En doutez-vous ? dit Pamphile ; ne ſçavez-vous pas que vous détruiſez le tout ſi vous en retranchez une partie, principalement quand elle eſt auſſi eſſentielle à ſon tout, comme eſt celle du Coloris à l'Art de Peinture.

Je juge aſſez, reprit Damon, que vous voulez dire que tous les objets ne tombant ſous la veuë que par la Couleur, & n'eſtant la pluſpart diſtinguez les uns des autres que par là, ils doivent eſtre imitez par leur Couleur auſſi-bien que par leur forme exterieure: j'en tombe d'accord. Mais que me répondrez-vous quand je vous feray voir des Tableaux de Polidore de Caravage qui paſſent pour de tres-beaux Ouvrages de Peinture, quoy qu'ils ne ſoient peints que d'une meſme Couleur de clair-obſcur?

Il eſt vray, dit Pamphile, que ce ſont de tres-beaux Tableaux; mais il eſt vray auſſi que ce ne ſont point de veritables Ouvrages de Peinture, & qu'ils ſont fort éloignez de tromper la veuë ; car vous tombez vous-meſme d'accord que pour imiter la Nature, il faut l'imiter comme elle nous paroiſt, & qu'elle ne paroiſt à nos yeux que ſous les apparences de la Couleur.

Mais, pourſuivit Damon, quoy que l'Ouvrage ne ſoit que d'une meſme couleur, s'il eſt tellement bien conduit de lumiere & d'ombre, qu'il ſemble que ce ſoit un Ouvrage de Sculpture, qu'aurez-vous à dire ?

Je diray pour lors que rien n'y manque, repliqua Pamphile, & que c'eſt un veritable Ouvrage de Peinture, puis qu'il imitera par le Deſſein & par la Couleur l'ouvrage de Sculpture que vous ſuppoſez. La beauté du Coloris ne conſiſte pas dans une bigarure de couleurs differentes : mais dans leur juſte diſtribution, en ſorte que les objets qui ſont peints ayent la méme Couleur que les veritables; que la pierre peinte, par exemple, reſſemble à la pierre naturelle, que les carnations paroiſſent de veritables chairs: Et enfin que non ſeulement chaque objet particulier repreſente parfaitement la Couleur de ceux qu'il imite; mais que tous enſemble faſſent une agreable union dans tout le Tableau.

Puiſque nous en ſommes ſur les ouvrages de clair-obſcur, interrompit Damon, dites-moy, je vous prie, ſous quelle partie de la Peinture eſt compriſe l'intelligence des lumieres & des ombres?

Sous le Coloris, répondit Pamphile; puiſque dans la Nature la lumiere & la Couleur ſont inſeparables; & que par tout où il y a de la lumiere, il y a de la Couleur; &

par tout où vous trouverez de la Couleur vous y trouverez aussi de la lumiere.

Je le croy comme vous, reprit Damon, & je suis persuadé qu'un Peintre est fort avancé dans la partie du Coloris quand il entend bien les lumieres : neanmoins ce qui pourroit faire croire que cette intelligence dépendroit du Dessein, c'est qu'on appelle Dessein un ouvrage de blanc-&-noir, où les lumieres & les ombres sont observées : & j'en ay vû plusieurs de la main de Rubens de cette maniere qui faisoient un effet merveilleux, & qu'on ne nommoit point autrement.

C'est aussi de cette maniere qu'ils doivent estre nommez, dit Pamphile ; puisque c'est l'usage, & que nous n'avons pas d'autres termes pour nous expliquer. Mais le nom de Dessein qu'on leur donne n'est pas celuy qui convient à l'une des parties de la Peinture. Le Dessein est fort équivoque & se prend de differentes façons, qu'on peut reduire à trois, comme a fait Monsieur Felibien dans ses Entretiens sur les vies des Peintres. L'on appelle Dessein, la volonté de faire ou de dire quelque chose, & c'est dans ce sens-là qu'on dit, Un tel est venu à bon ou à mauvais dessein. L'on appelle encore Dessein la pensée d'un Tableau que le Peintre met au dehors sur du papier ou sur de la toile pour juger de l'effet de l'Ouvrage qu'il medite; & de cette maniere l'on peut appeller du nom de Dessein non seulement un esquisse: mais encore un Ouvrage bien entendu de lumieres & d'ombres, ou mesme un Tableau bien colorié. C'est de cette sorte que Rubens faisoit presque tous ses Desseins, &

de la maniere qu'ont esté faits ceux dont vous parlez ; & enfin l'on appelle Dessein, les justes mesures, les proportions & les formes exterieures que doivent avoir les objets qui sont imitez d'apres la Nature. Et c'est de cette derniere sorte que l'on entend le Dessein qui fait une des parties de la Peinture. Ainsi lors qu'on ajoûte aux contours les lumieres & les ombres, on ne le peut faire sans le blanc & le noir, qui sont deux des principales Couleurs dont le Peintre a accoûtumé de se servir, & dont l'intelligence est comprise sous celle de toutes les Couleurs, laquelle n'est autre chose que le Coloris.

Pensez-vous, reprit Damon, que tout le monde vueille convenir, que la partie de la Peinture qu'on appelle Dessein, soit seulement les proportions & les contours ?

Il faut bien en convenir vrayment, dit Pamphile.

Et que diriez-vous, continua Damon, si quelqu'un vous soûtenoit que c'est aussi cette seconde sorte de Dessein que vous venez de definir; c'est à dire la pensée d'un plus grand Tableau que l'on medite; soit que cette pensée ne fust qu'un leger crayon, ou bien qu'on la vist exprimée par le clair-obscur, & par toutes les Couleurs qui doivent entrer dans le grand Ouvrage dont elle est l'essay & le racourcy?

Alors, repliqua Pamphile, je dirois que le Dessein ne seroit plus une des parties de la Peinture; mais qu'il en seroit le tout: puis qu'il contiendroit non seulement les lumieres & les ombres, mais aussi le Coloris & l'Invention mesme: Et pour lors il faudroit toûjours convenir de nouveaux termes, & demander à ce quelqu'un que vous ſuppoſez, comment il voudroit que l'on appellaſt la partie du Deſſein, laquelle trouve les objets qui compoſent une Hiſtoire, & comment il voudroit encore qu'on nommaſt cette autre partie du Deſſein qui diſtribuë les Couleurs, les Lumieres & les Ombres. Ainſi vous voyez qu'il n'importe pas de quelle façon l'on appelle les choſes pourvû que l'on s'entende & que l'on convienne de leur nom; c'eſt, comme vous ſçavez, dont il ne faut jamais diſputer.

Je croy, dit Damon, que ſans ſe mettre dans l'embarras de chercher de nouveaux termes auſquels on auroit de la peine à s'accoûtumer, il vaut mieux s'en tenir à ceux dont on eſt convenu depuis long-temps. Mais tandis qu'il m'en ſouvient je ne veux pas vous laiſſer paſſer la raiſon que vous m'avez donnée pour prouver que l'intelligence des lumieres dépendoit du Coloris: c'est, dites-vous, parce que dans la nature l'une est inseparable de l'autre. Et ne peut-on pas dire la mesme chose du Dessein, puisque sans lumiere l'œil ne sçauroit voir pareillement dans la nature, les contours ny les proportions des figures.

N'avez-vous point oüi parler, dit Pamphile, d'un certain Sculpteur aveugle, qui faisoit des portraits de cire fort ressemblans?

Non seulement j'en ay oüi parler; reprit Damon, mais je l'ay veu à Rome, & je me suis entretenu plusieurs fois avec luy. C'estoit un homme fort bien fait, de belle taille, & qui paroissoit âgé d'environ 50. ans; il avoit beaucoup d'esprit & de bon sens, aymant à parler, & disant agreablement les choses. Un jour entr'autres l'ayant rencontré dans le Palais Justinien qu'il copioit une statuë de Minerve, je pris occasion de luy demander s'il ne voyoit pas un peu, pour copier aussi juste qu'il faisoit? Je ne voy rien, me dit-il, & mes yeux sont au bout de mes doigts. Mais encore, luy dis-je, comment est-il possible que ne voyant goûte du tout vous fassiez de si belles choses? Je taste, dit-il, mon Original, j'en examine attentivement les dimensions, les éminences & les cavitez, je tasche de les retenir dans ma memoire, puis je porte la main sur ma cire, & par la comparaison que je fais de l'un à l'autre, portant & rapportant ainsi plusieurs fois la main, je termine le mieux que je puis mon Ouvrage. En effet, il n'y a nulle apparence qu'il eust aucun usage de la veuë, puisque le Duc de Braciane, pour éprouver ce qui en estoit, luy fit faire son portrait dans une cave fort obscure, & que ce portrait fut trouvé tres-bien & tres-ressemblant. Mais quoy que cet ouvrage fust admiré de tous ceux qui le voyoient, on ne laissa pas d'objecter à l'ouvrier que la barbe du Duc estoit un grand avantage pour le faire ressembler, & qu'il n'auroit pas cette mesme facilité s'il luy faloit imiter un visage sans barbe. Hé bien, dit-il, qu'on m'en donne un autre. On luy proposa de faire le portrait de l'une des Demoiselles de la Duchesse, il l'entreprit, & le fit tres-ressemblant. J'ay encore vû de la main de ce Sculpteur le portrait du feu Roy d'Angleterre, & celuy du Pape Urbain VIII. tous deux copiez d'apres le marbre tres-finis & tres-ressemblans.

Sans aller plus loin, interrompit Pamphile, nous avons à Paris un portrait de sa main.

N'est-ce pas celuy de feu Monsieur Hesselin, repliqua Damon.

Celuy-là mesme, reprit Pamphile, & Monsieur Hesselin en fut si content, & trouva la chose si merveilleuse, qu'il pria cet illustre aveugle de souffrir qu'on luy fist son portrait en peinture pour l'emporter en France, & y conserver sa memoire plus longtemps. J'ay vû autrefois ce portrait, & je m'apperceu en le regardant, que le Peintre luy avoit mis un œil à chaque bout de doigt pour faire voir que ceux qu'il avoit ailleurs, luy estoient tout à fait inutiles. Enfin, vous voyez par là, continua Pamphile, qu'il n'est pas toûjours necessaire pour juger des contours que l'œil les voye, c'est assez que les mains puissent les toucher. En effet, il n'y a perſonne qui dans la plus grande obſcurité, ne ſente les contours d'un homme ou d'une ſtatuë, & ne juge des éminences & des cavitez en y portant ſeulement la main : au lieu qu'il eſt impoſſible de voir aucune Couleur ny d'en juger ſans Lumiere.

Il en faut tomber d'accord, reprit Damon, mais vous voyez auſſi par l'hiſtoire de cet Aveugle que ſon Art qui eſt tout dans le Deſſein, luy avoit donné moyen de ſatisfaire ſon eſprit, & de ſe conſoler en quelque façon de la perte qu'il avoit faite d'un ſens auſſi pretieux qu'eſt celuy de la veuë : & que s'il avoit eſté Peintre il auroit eſté privé de cette conſolation.

C'eſt, repartit Pamphile, que la Couleur & la Lumiere ne ſont l'objet que de la veuë, & que le Deſſein l'eſt encore du toucher, comme je vous l'ay déja dit. Je vous avouë que la pureté & la delicatesse du Dessein est un grand charme pour moy, mais vous m'avoüerez aussi que sans le Coloris qui est l'autre partie essentielle de l'Art, le contour ne sçauroit representer aucun objet comme nous le voyons dans la Nature.

Je m'estois imaginé, poursuivit Damon, que le Coloris n'estoit dans la Peinture qu'une partie integrante (comme appellent les Philosophes) & qui rend le tout plus entier & plus parfait: de la mesme sorte que l'on considere un bras ou une jambe, ou quelqu'autre partie sans laquelle l'homme ne laisse pas d'estre homme quoy qu'il soit moins entier & moins parfait: & qu'ainsi sans le Coloris un Tableau ne laissoit pas d'estre un ouvrage de Peinture; mais un ouvrage de Peintre moins parfait.

Je voy bien, dit Pamphile, que vous n'avez jamais fait reflexion ſur ce que c'eſt que Peinture, & que vous ne ſçavez pas qu'on la définit, Un Art qui par le moyen de la forme exterieure, & des Couleurs imite ſur une ſuperficie plate, tous les objets qui tombent ſous le ſens de la veuë. Cette definition eſt juſte, ce me ſemble; puis qu'elle donne une idée parfaite de la Peinture, & qu'elle la diſtingue de tous les autres Arts.

Je vous avouë, dit Damon, que je n'y avois jamais bien penſé.

Hé bien, ſi vous y prenez garde, dit Pamphile, vous verrez que le Coloris eſt non ſeulement une partie eſſentielle de la Peinture; mais encore qu'il eſt ſa difference; & par conſequent la partie qui fait le Peintre; de meſme que la raiſon qui eſt la difference de l'homme eſt ce qui fait l'homme.

Et que deviendra le Dessein, reprit Damon?

Le Dessein, repliqua Pamphile, tient fort bien sa place: puisque c'est une partie essentielle de la Peinture, & sans laquelle la Peinture ne peut subsister non plus que le Coloris.

Enfin, vous-voulez, dit Damon, que le Dessein soit le genre de la Peinture, & la Couleur sa difference?

Cela mesme, répondit Pamphile; car le genre comme vous sçavez, se communique à plusieurs especes, & c'est pour cela qu'il est moins noble que la difference qui est un bien propre à sa seule espece. Et c'est ainsi que le degré d'animal qui est le genre de l'homme, se communique indifferemment à l'homme & à la beste; & que le degré de raisonnable qui est la difference de l'homme, ne ſe communique qu'à l'homme ſeul.

A quels autres Arts, reprit Damon, voulez-vous que le Deſſein ſe communique?

A la Sculpture, répondit Pamphile, à la Graveure, à l'Architecture, & aux autres Arts qui donnent des meſures & des proportions.

Mais le Deſſein du Sculpteur, repliqua Damon, n'eſt pas de meſme que celuy du Peintre; car l'un eſt Geometral, & l'autre Perſpectif.

Je vous répons premierement, dit Pamphile, que la maniere differente de ſe communiquer, n'empeſche pas que la choſe ne ſe communique, Secondement, il eſt certain que le Deſſein du Sculpteur & celuy du Peintre eſt le meſme eſſentiellement, que l'un & l'autre ſont fondez ſur des proportions certaines, & que ce qui eſt en Perſpective ſe peut meſurer comme ce qui eſt Geometral : & enfin, il eſt conſtant que les Sculpteurs ſe ſervent de Perſpective dans leurs Bas-reliefs, comme les Peintres font dans leurs Tableaux.

Je conviens, dit Damon, que le Deſſein ſe communique à pluſieurs ſortes d'Arts ; mais ne pourroit-on pas vous dire que la Couleur ſe communique auſſi de la meſme maniere, & que les Tapiſſiers & les Teinturiers s'en ſervent auſſi bien que les Peintres.

Pour l'ouvrage des Tapiſſiers, repliqua Pamphile, je ne trouve pas qu'il ſoit different de celuy des Peintres ; les Tapiſſiers repreſentent comme les Peintres, les Couleurs & les formes qui ſont dans la Nature. Leurs Couleurs ſont attachées aux laines, & celles des Peintres aux terres ou aux mineraux qu'ils employent : & cette difference de matiere, comme vous sçavez, n'est jamais essentielle. Pour l'objection des Teinturiers, vous pouviez bien vous passer de me la faire, & de mettre en compromis les Peintres avec les Teinturiers : neanmoins il faut vous satisfaire. Il est vray que les Teinturiers entendent quelque chose aux Couleurs ; mais non pas au Coloris dont il est icy question. L'on appelle souvent du nom de Couleur la partie de Peinture qui s'appelle Coloris, l'usage en est assez ordinaire, & cette equivoque vous a fait faire l'objection des Teinturiers : Cependant, il y a grande difference entre Couleur & Coloris, & je vous ay fait voir que le Coloris n'estoit point, ny le blanc, ny le noir, ny le jaune, ny le bleu, ny aucune autre Couleur semblable : mais que c'estoit l'intelligence de ces meſmes Couleurs dont le Peintre ſe ſert pour imiter les objets naturels : ce que n'ont pas les Teinturiers.

Cependant, reprit Damon, vous m'avoüerez que le Deſſein eſt le fondement du Coloris, qu'il le ſoûtient, que le Coloris en dépend, & que luy ne dépend pas du Coloris ; puiſque le Deſſein peut ſubſiſter ſans le Coloris, & que le Coloris ne peut ſubſiſter ſans le Deſſein.

Quand tout cela ſeroit, dit Pamphile, quelle conſequence en voudriez-vous tirer ?

Que le Deſſein, reprit Damon, eſt plus neceſſaire, plus conſiderable & plus noble que le Coloris.

Vous ne prenez pas garde continua Pamphile, que tout ce que vous croyez dire en faveur du Deſſein ne conclud rien d'avantageux pour luy au prejudice du

Coloris. Au contraire, vous faites voir par là que le Dessein tout seul est quelque chose d'imparfait à l'égard de la Peinture: Car le Dessein n'est le fondement du Coloris & ne subsiste avant luy que pour en recevoir toute sa perfection; & ce n'est pas merveille si ce qui reçoit, a son estre, & subsiste avant ce qui doit estre receu. Il en est ainsi de toutes les matieres, qui doivent estre disposées avant que de recevoir leur perfection des formes substantielles. Le corps de l'homme, par exemple, doit estre entierement formé & organisé avant que l'ame y soit receuë. Et c'est avec cét ordre que Dieu fit le premier homme; il prit de la terre, il en forma un corps, il y mit toutes les dispositions necessaires; puis il crea l'ame qu'il y infusa aussi-tost pour le perfectionner, & enfin pour en faire un homme. Ce corps ne dépendoit point de l'ame pour subsister ; puis qu'il estoit avant l'ame: Cependant vous ne voudriez pas soûtenir que le corps fust la partie de l'homme la plus noble & la plus considerable. La Nature commence toûjours par les choses les moins parfaites & par consequent l'Art qui en est l'imitateur; ainsi l'on ébauche avant que de finir.

A l'égard d'estre plus ou moins necessaire, je vous ay déja dit que pour faire un tout, les parties sont également necessaires ; il n'y a point d'homme si l'ame n'est jointe au corps ; aussi n'y a-t-il point de Peinture si le Coloris n'est joint au Dessein.

Je veux bien vous avoüer, reprit Damon, que le Coloris est aussi necessaire à la Peinture que le Dessein : mais il faut aussi que vous m'accordiez que celuy-cy eſt plus neceſſaire pour le Peintre.

Oüy pour le Peintre, répondit Pamphile, qui veut expedier quantité d'ouvrages ſans ſe mettre en peine de les achever, ny de ſatisfaire pleinement les yeux. Je vous avoüeray encore qu'il luy eſt plus neceſſaire, c'eſt à dire, plus utile que le Coloris, en ce qu'il y a beaucoup plus d'occaſions de s'en ſervir que du Coloris. C'eſt un inſtrument dont on a beſoin en toutes rencontres dans la pluſpart des Arts : & à cauſe de cette grande utilité, je l'eſtimeray avec vous davantage que le Coloris, de la meſme maniere que j'eſtimerois un fort gros diamant beaucoup plus qu'une plante, quoy que la moindre de toutes les plantes ſoit plus noble & plus eſtimable en elle-meſme, que toutes les pierres precieuſes enſemble.

Tout le monde court à l'utile,

repartit Damon en riant, & d'abord on envisage les choses par ce costé-là. Ne vous étonnez donc pas si le Dessein estant plus d'usage & par consequent plus utile dans le monde, on l'estime generalement davantage. Mais avec tout cela, je ne sçaurois m'empescher de vous dire ingenuëment, que je trouve dans le beau Dessein, une noblesse qui me charme.

Je suis de bonne foy là-dessus, dit Pamphile, & je croy que le beau Dessein doit charmer un esprit bien fait; & d'autant plus qu'il exprime une partie des mouvemens de l'ame qui luy tiennent lieu de Couleur, & luy donnent une espece de vie tres-agreable. Mais en tout cela, il n'y a rien que le Sculpteur ne puisse faire; & ces choses considerées par rapport à un ouvrage de Peinture, demeureront toûjours imparfaites sans le ſecours du Coloris, lequel met le Peintre au deſſus du Sculpteur, & fait que les objets peints reſſemblent plus parfaitement aux veritables.

Vous dites, repartit Damon, que le beau Deſſein charme l'eſprit; & n'y a-t-il pas plus d'avantage à charmer l'eſprit que les yeux?

Quand le beau Deſſein, repliqua Pamphile, charme les yeux de l'eſprit, ce n'eſt que par ceux du corps, pour leſquels la Peinture eſt faite immediatement.

Si vous aviez des Tableaux à choiſir, interrompis-je, leſquels prendriez-vous, ou ceux qui ſont mieux Deſſinez que Coloriez, ou ceux qui ſont mieux Coloriez que Deſſinez?

Vous pouvez bien croire, me répondit Pamphile, qu'aprés ce que j'ay dit du Coloris à l'égard d'un ouvrage de Peinture, je dois preferer les Tableaux ou la Couleur ſera mieux entenduë, pourveu que le Deſſein n'y ſoit point trop mal. La raiſon de cela eſt, que le Deſſein ſe-trouve ailleurs que dans les Tableaux: il ſe rencontre dans les Eſtampes, dans les Statuës & dans les Bas-reliefs, ſans compter qu'il ſe trouve encore dans la Nature: Mais une belle intelligence de Couleurs ne ſe trouve que dans un tres-petit nombre de Tableaux. Ainſi ſuppoſé que je vouluſſe faire cabinet, j'y ferois entrer de toutes ſortes de Tableaux où je verrois de la beauté dans quelque partie que ce ſoit: mais je preferois toûjours ceux du Titien aux autres, pour la raiſon que je viens de vous dire.

Et lequel de ces deux Peintres aimeriez-vous mieux eſtre, continuay-je, de Raphaël ou du Titien?

Vous m'embaraſſez fort, répondit Pamphile; attendez que j'y penſe un peu.

Je ne croyois pas, repris-je, que vous dûſſiez balancer de cette ſorte, aprés ce que je viens de vous entendre dire.

J'aimerois mieux eſtre Raphaël, continua Pamphile, & j'eſtime que le Titien eſt un plus grand Peintre.

Je vous entends bien, luy dis-je, c'eſt à dire que Raphaël avec la correction de ſon Deſſein, avoit pluſieurs autres talens, & que tout cela enſemble vous plaiſt davantage que le Coloris du Titien.

Je vous avoüe, dit Pamphile, que je ſuis encore aſſez irreſolu: neantmoins la correction du Deſſein de Raphaël, l'élegance de ſes contours, ſa maniere de drapper, ſes expreſſions ſi touchantes, la facilité de ſon genie, ſes compoſitions nobles, riches & abondantes, la grandeur, la ſimplicité & la vrayſemblance de ſes attitudes; enfin, les graces qu'il répandoit dans tous ſes ouvrages, me l'ont fait preferer au Titien.

Quoy au Titien, s'écria Damon, le plus grand Peintre, ſelon vous, qui ait jamais eſté & qui ſera poſſible jamais?

Je vous l'avoüe, dit Pamphile, mais Raphaël avec tous les avantages que je viens de vous dire, avoit encore celuy, qu'il entendoit bien les Lumieres, qu'il avoit déja fait un ſi grand progrés dans le Coloris, & qu'il auroit poſſedé cette partie dans ſa derniere perfection. Ainſi je me perſuade, ſi j'eſtois Raphaël, que dans peu de temps je ſerois encore le Titien.

Il ſemble, interrompis-je, que

la plusſpart des Peintres ne ſont gueres perſuadez que le Coloris ſoit auſſi neceſſaire que vous le dites ; car leurs ouvrages ne font pas extremement connoiſtre que cette partie leur plaiſe, ny qu'ils ſe mettent fort en peine de la pratiquer.

Comment voulez-vous, dit Pamphile, qu'ils la pratiquent, qu'ils ne la ſçavent pas (je parle pour la plusſpart) & comment l'aimeront-ils, qu'ils ne l'ont jamais connuë ?

Il eſt vray, luy dis-je, qu'ils s'attachent beaucoup plus au Deſſein.

Je le veux croire ? repartit Pamphile ; mais je ne voy pas que ce ſoit avec beaucoup de ſuccés, puiſque j'ay meſme lieu de douter qu'ils en ſçachent tous les principes.

Comment pouvez-vous dire cela, reprit Damon, qu'on les voit

dessiner avec tant de facilité d'aprés le Modele ?

Tant de facilité qu'il vous plaira, dit Pamphile, mais je vous assure que c'est bien tout ce qu'ils pourroient faire que de rendre raison de ce qu'ils dessinent.

Mais ils font ce qu'ils voyent, dit Damon.

Et s'ils ne sçavent ce qu'ils voyent, repliqua Pamphile.

Il faut bien qu'ils le sçachent vrayment, continua Damon, depuis le temps qu'ils dessinent.

Ils ne le sçavent pas, vous dis-je, poursuivit Pamphile : car cette connoissance dépend en partie de l'Anatomie, & il y en a tres-peu qui la sçachent.

Je m'en estonne, repris-je, car cela n'est pas aprés tout si difficile, puis qu'il n'y a pas un petit Chirurgien qui n'en apprenne en un mois beaucoup plus qu'il n'en faut pour un Peintre.

Cela eſt vray, dit Pamphile, & ſans faire reflexion que par l'Anatomie, ils abregeroient un grand nombre d'années qu'ils paſſent dans une aveugle pratique du Deſſein, ils s'en tiennent à une certaine routine dont il leur eſt impoſſible de rendre aucune raiſon. Je tombe d'accord que pour eſtre habile Deſſinateur, il faut beaucoup de pratique : mais cette pratique ne ſert de rien, ſi elle n'eſt fondée ſur la ſpeculation. Si vous vouliez aller à Rome, continua-t-il en me regardant, vous ne vous contenteriez pas de prendre un bon cheval, vous voudriez encore ſçavoir la diſtance des lieux & tous les chemins que vous auriez à tenir.

Il eſt vray, luy dis-je, que ſans cela, je n'y arriverois jamais que par le plus grand hazard du monde. Mais comment les Peintres n'instruisent-ils pas leurs Eleues de cette science ? poursuivis-je.

Il faut la bien sçavoir pour la bien montrer, répondit Pamphile, & je ne voudrois pas estre garant de leur capacité pour cela.

Tout au moins, repartis-je, devroient-ils en conseiller l'étude, & faire connoistre sa necessité.

Les mieux sensez, me dit-il, en usent ainsi pour seconder les desseins du Roy, qui pour faire fleurir la Peinture dans son Royaume, y a étably une Academie de ce bel Art, & a voulu que parmy les Professeurs qu'il y a gagez, il y en eust un specialement pour enseigner l'Anatomie, ce qui est un avantage considerable pour les Peintres de nostre Nation : pourveu toutefois que ce Professeur soit Peintre, & qu'il sçache accommoder l'Anatomie à la Peinture : car un Chirurgien sera plûtoſt capable de donner aux Peintre, de l'averſion pour cette ſcience, que de les en inſtruire facilement.

Il eſt vray, dit Damon, que de la maniere dont me parla dernierement un des plus habiles de cette Academie, les choſes n'ont jamais eſté plus favorablement diſpoſées en nul lieu du monde pour faire d'excellens Peintres, comme elles le ſont aujourd'huy dans noſtre France.

De ſorte, continua-t-il, que vous croyez, que l'Anatomie eſt un des principes du Deſſein, par où doivent commencer les jeunes gens qui vont à l'Academie.

Oüy, certes, dit Pamphile, s'ils veulent devenir habiles, & qu'ils ayent d'ailleurs ce qu'il faut pour cela.

Je ſçay bien, reprit Damon, qu'il faut ſuppoſer l'habitude dans la main, & la facilité d'imiter avec le crayon tout ce qui ſera devant les yeux.

Ce n'eſt pas aſſez, dit Pamphile, il faut encore avoir le gouſt bon, & ſçavoir les belles proportions pour corriger le Naturel, qui d'ordinaire eſt meſquin & defectueux.

Je connois des Peintres, interrompit Damon, qui deſſinent, ce me ſemble, d'une grande maniere, & qui n'eſtiment pas que l'Anatomie ſoit neceſſaire pour bien deſſiner.

Il eſt vray, dit Pamphile, qu'elle demande une grande diſcretion qui depend de bien ſçavoir l'office des muſcles; mais il eſt vray auſſi que ſans cette ſcience, ce que l'on appelle bien ſouvent grande maniere, ne ſert qu'à éblouïr les yeux des ignorans. Ceux dont vous parlez ont peut-eſtre eſté touchez de quelques endroits bien ressentis, qu'ils ont remarquez dans les Antiques, ils ont crû qu'ils ne pouvoient mieux faire que de les bien retenir, ils s'en servent en toutes rencontres, sans sçavoir si l'action le demande ainsi, ils exagerent mesme d'autant plus ces endroits qu'ils croyent par là attirer plus d'admiration pour leurs ouvrages, & plus d'estime pour eux-mesmes; & c'est ce qu'ils appellent dessiner de grand goust & de grande maniere.

Peu de gens y prennent garde aprés tout, reprit Damon, & cela ne laisse pas de passer pour estre fort bien.

C'est que peu de gens s'y connoissent, repliqua Pamphile; & dans la verité tel qui se pasme d'admiration en voyant ces belles Antiques, & qui veut passer pour grand Connoisseur, est tres-souvent fort éloigné de ſçavoir la raiſon des beautez qu'il admire.

Mais croyez-vous, pourſuivit Damon, que tous les Peintres qui ont eu de la reputation, ayent eſté ſi ſçavans dans l'Anatomie?

Non pas tous, répondit Pamphile, mais les plus habiles: car vous ſçavez qu'il y a des genies aſſez heureux pour apprendre toutes choſes ſans autres regles que celle de leur bon ſens, avec une certaine lumiere naturelle qui leur fait ſuivre ce qui eſt bien, & fuir ce qui eſt mal. Et cela par des moyens qui leurs ſont toûjours inconnus dans les commencemens, & qui dans la ſuite leur ſervent de regles qu'ils ſe ſont établies par leur propre experience: mais comme il eſt preſque impoſſible qu'ils ſoient aſſurez de leur experience, ils ne peuvent pas non plus eſtre aſſurez de leurs regles: au lieu que le principe dont je vous parle, est un chemin infaillible pour s'acquerir dans le Dessein une maniere tres-sçavante & tres-solide. Et si vous voulez en estre bien persuadé, prenez la peine de lire quelques vies des Peintres qui estoient du temps de Leon X. & de François premier ; & vous verrez que ceux qui avoient le plus de connoissance dans le Dessein, se l'étoient acquise par le moyen de l'Anatomie.

Ah ! vous parlez d'un siecle bien different du nostre, interrompit Damon en soûpirant ; les Peintres de ce temps-là travailloient à s'établir une solide reputation, & ceux d'aujourd'huy ne travaillent la pluspart que pour amasser de l'argent. Cependant, ils ne laissent pas de se croire de fort grands personnages.

Et c'est en quoy leur mal est

desesperé, repartit Pamphile, puis qu'ils ne sentent pas combien ils sont malades. Mais que dites-vous de moy, ajoûta-t-il, de vous parler des Peintres de cette sorte?

Nous sçavons, dit Damon, que vous parlez de bonne foy, & que vous dites ce que vous pensez. Mais quand vous parlez d'eux de cette maniere, vous ne les y comprenez pas tous?

Dieu m'en garde, repartit Pamphile; vous sçavez bien que nous en connoissons de tres-habiles, & d'autres qui s'avancent à grands pas dans le chemin de la perfection qu'ils ont heureusement rencontré.

Quand il n'y auroit que Monsieur L. B. ajoûtay-je, il en vaut bien luy seul une infinité d'autres.

Monsieur L. B. reprit Pamphile, d'un ton fort serieux, est un homme d'un si rare merite, qu'on ne ne peut ſans luy faire tort le méler parmy les autres Peintres : & comme je n'ay point de termes pour le loüer aſſez dignement, vous me diſpenſerez, s'il vous plaiſt, de vous en parler. Souvenez-vous ſeulement que nous avons dit cent fois en nous entretenant de ſon merite, que jamais Peintre n'a plus fait d'honneur à la Peinture que celuy-là.

Il n'eſt pas neceſſaire, luy disje, que vous m'en parliez davantage, vous m'avez fait aſſez connoiſtre dans pluſieurs rencontres, l'eſtime particuliere que vous en faiſiez. Mais reprenons noſtre diſcours ; & dites-moy, je vous prie, d'où vous croyez que vienne l'indifference qu'ont la pluſpart des Peintres pour le beau Coloris ?

Cela vient à mon avis de pluſieurs choſes, dit Pamphile. Je vous ay déja répondu, que ce n'eſt point l'ordinaire d'estimer une chose, & d'en avoir le cœur touché quand on ne la connoist pas, & qu'il y a peu de Peintres qui connoissent cette partie de la Peinture.

Il semble, luy dis-je, à vous entendre parler, que le Coloris soit une chose fort difficile.

Plus difficile que vous ne pensez, me dit-il, & tout ce que j'ay à vous dire là-dessus, c'est que depuis prés de trois cent ans que la Peinture est resuscitée, à peine peut-on conter six Peintres qui ayent bien Colorié, & l'on en conteroit pour le moins trente, qui ont esté de tres-bons Dessinateurs. Et la raison de cela est, que le Dessein a des regles fondées sur les proportions, sur l'Anatomie & sur une experience continuelle de la mesme chose: au lieu que le Coloris n'a point encore de regles bien connuës, & que l'experience qu'on y fait, estant quasi toûjours differente, à cause des differens sujets que l'on traite, n'a pû encore en établir de bien precises.

Quoy le Coloris n'a point de regles? reprit Damon.

Je ne dis pas cela, repartit Pamphile; mais seulement qu'elles ne sont gueres connuës.

Le Titien à vostre avis, continua Damon, & les autres bons Coloristes ne les ont-ils pas connuës ces regles?

Je croy, dit Pamphile, qu'ils en ont connu la meilleure partie: mais Titien, Giorgion, Rubens & Vandeik, plus que les autres.

Hé bien, dit Damon, ce qu'ils nous ont laissé sont autant de Livres publics qui peuvent instruire tous les Peintres. Il n'y a qu'à bien examiner leurs ouvrages, les copier durant quelque temps considerable, & faire dessus toutes les remarques qu'on croira necessaires pour en tirer du profit.

Ce n'est pas encore assez, repartit Pamphile, quantité de Peintres ont fait ce que vous dites sans aucun succés.

Dites donc, reprit Damon, comment vous voulez que l'on s'y prenne?

Je veux, dit Pamphile, que l'on s'y prenne de la façon que vous venez de dire; mais outre cela, il faut avoir l'esprit tourné d'une maniere à profiter de tout, à ne remarquer que ce qui est remarquable, & à trouver les veritables causes des effets qu'on admire. Vous avez fort bien dit, que les Ouvrages de ces grands Hommes estoient des Livres où les preceptes du Coloris estoient écrits: mais ignorez-vous que toutes sortes de personnes ne sont pas capables d'entendre tous les Livres & d'en profiter, principalement quand ils sont aussi difficiles à entendre que ceux-là? Il y a des Peintres qui ont copié le Titien durant beaucoup d'années, qui l'ont examiné du mieux qu'ils ont pû, & qui ont fait dessus, toutes les reflexions dont ils ont esté capables; mais qui pour n'avoir pas fait celles qu'ils devoient, ne l'ont jamais compris: & c'est pour cela que les copies qu'ils ont faites avec tout le soin possible, & qu'ils croyent estre dans une grande exactitude, sont encore fort éloignées de la conduite qui se trouve dans les Originaux.

Monsieur Poussin, luy dis-je, n'auroit-il point esté de ces gens-là? (parlez-nous franchement;) car pour avoir autant copié, qu'il a fait, les Ouvrages du Titien, les siens n'en tiennent gueres.

Vous parlez-là, me répondit Pamphile, d'un homme dont la memoire ſera toûjours en veneration à la poſterité. Il a poſſedé ſi parfaitement le Deſſein, il a traité ſi doctement ſes ſujets, il a ſceu enfin tant d'autres parties neceſſaires à la Peinture, qu'on peut bien luy pardonner ſi les ſoins qu'il a pris à chercher le beau Coloris ne luy ont pas reuſſi.

Vous tombez donc d'accord, reprit Damon, qu'il n'a pas compris l'artifice qui eſt dans les Tableaux du Titien.

Non aſſurément, dit Pamphile; & la plus grande partie de ſes Ouvrages le font aſſez connoiſtre.

Il eſt bien vray, qu'aprés avoir copié des Ouvrages du Titien, ſes Tableaux en avoient quelque choſe; mais ce n'en eſtoit que la ſuperficie : Et s'il avoit veritablement compris les maximes, les finesses & les delicatesses du Titien, il en auroit profité, & les auroit sans doute fait valoir ; il avoit trop de bon sens pour n'en pas user de cette sorte. Le mesme esprit qui luy fit trouver des beautez dans les Ouvrages du Titien jusqu'à s'attacher fortement à les copier, pour en imiter le Coloris ; ce mesme esprit, bien loin de le luy faire abandonner, le luy auroit fait cultiver soigneusement : & ses derniers Tableaux qui sont les plus foibles en Couleur, auroient dû estre les plus forts.

L'on vous dira à cela, reprit Damon, que Monsieur Poussin dans ses commencemens, fût d'abord attiré par la force que l'on voit dans les Tableaux du Titien, qu'il se laissa surprendre aux attraits de leur Coloris, & que c'est pour cela qu'il fit tous ses efforts pour se l'acquerir : mais que s'en estant approché de plus prés, pour ainsi dire, & ses études luy ayant donné plus de lumiere, il avoit trouvé que cette partie estoit dangereuse, (comme parlent quelques-uns) & de peu de consequence, & qu'ainsi il devoit l'abandonner.

Je vous répondray d'abord, dit Pamphile, que la Peinture n'est faite que pour surprendre les yeux, que celle qui surprend le plus est la meilleure, & que si le Coloris du Titien a surpris ceux de Monsieur Poussin, il en peut surprendre d'autres, & ne fera en cela que ce qu'il doit faire. Pour ce qui est de dire qu'il est dangereux de bien Colorier; un homme de bons sens ne doit point parler de la sorte; les parties qui composent un art sont également necessaires pour sa perfection.

La raison que l'on donne, reprit

Damon, pour confirmer ce que je viens de vous dire, c'est qu'en s'attachant au Coloris, on neglige le Dessein, & que le charme de l'un fait oublier la necessité de l'autre.

Pour lors, repliqua Pamphile, ce n'est pas la faute du Coloris; mais de l'esprit, qui est d'une trop petite portée, & qui ne peut en toute la vie, faire attention à deux choses en mesme temps. Ce ne sont pas de ces sortes d'esprits que demande la Peinture, elle ne reçoit dans ses bonnes graces, que ceux qui sont d'une grande étenduë, ou qui sont si bien tournez, & qui se sçavent si bien ménager, qu'ils ne s'attachent qu'aux choses qui doivent augmenter par degrez leurs connoissances. Les nouvelles études qu'ils entreprennent ne leur font point oublier celles qu'ils ont déja faites, au contraire, ils fortifient les unes par les autres, & s'efforcent de les acquerir toutes, comme des moyens necessaires pour arriver à leur fin. C'est de ce caractere qu'estoit l'esprit de Raphaël, l'ordre & la netteté avec laquelle il concevoit les choses, ne luy ont jamais permis de rien oublier, il augmentoit toûjours ses connoissances, & fortifioit par de nouvelles, celles qu'il avoit déja acquises.

Quoy, repartit Damon, ne croyez-vous pas que Monsieur Poussin ait eu l'esprit d'une assez grande étenduë pour la Peinture?

Pardonnez-moy, répondit Pamphile, & c'est ce qui me fait croire que les recherches qu'il a si heureusement faites, du Dessein, de l'Antiquité & de tant d'autres belles choses, ne luy auroient point fait oublier l'artifice du Coloris, s'il l'avoit une fois bien conceu.

Ainsi quoy que pour estre favorisé de la Peinture, il faille avoir, comme je viens de vous dire, l'esprit d'une grande étenduë ou l'avoir bien tourné, il ne s'ensuit pas que tous ceux qui ont l'esprit de cette maniere, reçoivent également toutes les faveurs à la fois, dont elle est dispensatrice : Elle en donne à celuy-cy pour le Dessein, à cét autre pour le Coloris, tantost pour le païsage, tantost pour les animaux, & tantost enfin pour quelqu'autre talent, soit qu'elle les verse liberalement, ou qu'on les ait meritées par les recherches assiduës qu'on en aura faites.

Mais encore, poursuivit Damon, d'où vient que cette connoissance du Coloris, que vous dites, que la pluspart des Peintres n'ont pas, leur est si difficile à acquerir?

C'est, répondit Pamphile,

qu'ils commencent par où il faut finir ; ils ſe jettent dans le Coloris avant que d'eſtre ſuffiſamment fondez dans le Deſſein , & que l'ignorance de celuy-cy les embaraſſant dans la pratique de l'autre, fait qu'ils n'en attrapent pas un. C'eſt encore parce que les jeunes gens ayant pris d'abord une méchante maniere , ils s'en font une habitude , dont , pour l'ordinaire , ils ne ſe retirent jamais. Ils n'ont pour modeles que les Ouvrages de leurs Maiſtres & ceux qui ſont publics ; ils eſtiment naturellement les premiers, & ſe nourriſſent inſenſiblement l'eſprit par la veuë des autres. Et cela ſe fait avec d'autant plus de facilité, que ces ouvrages ſont les objets qui ſe preſentent les premiers à leurs yeux & à leur eſprit. C'eſt enfin cette premiere liqueur, laquelle eſtant miſe dans un vaiſſeau tout neuf, y communique tellement ſon odeur, que quoy qu'on puiſſe faire pour l'en oſter, elle y demeure long-temps. Ainſi les Peintres qui ſe ſont nourris l'eſprit de cette ſorte, ont deux choſes à faire fort difficiles ; l'une de ſortir de leur mauvaiſe maniere, & l'autre d'en prendre une bonne : Mais bien ſouvent leur vie ſe paſſe, ſans qu'ils ayent ſeulement fait la premiere de ces deux choſes.

D'où vient cela ? luy dis-je.

C'eſt, continua-t-il, que l'habitude a paſſé juſqu'à l'organe, & que les yeux du Peintre voyent les objets naturels colorez, comme ils ont accoûtumé de les peindre.

Et quel moyen donc de ſortir de là ? pourſuivis-je.

Pour moy, dit Pamphile, je croirois (ſuppoſé qu'on en eut

bien envie) qu'il faudroit changer du blanc au noir, & porter les choſes dans l'autre extremité durant quelque temps. Et ſi l'on faiſoit bien (pourſuivit-il d'un ton railleur) l'on interpoſeroit l'autorité des Magiſtrats, afin d'interdire pour ſix ans aux Peintres, la Laque & la Terre verte.

C'eſt en effet, repartit Damon, porter les choſes dans l'extremité. Je ſçay bien que les grands maux demandent de grands remedes: mais quel moyen de ſe paſſer d'une couleur auſſi neceſſaire qu'eſt la Laque?

Je ne la retranche pas pour toûjours, reprit Pamphile; on y reviendroit, comme un convaleſcent revient à la viande ſolide, qu'on luy a défenduë durant ſa maladie, & d'autant plus que cette maladie eſtoit cauſée de repletion.

Je vous entends fort bien, dit Damon ; mais quand on revient en convalescence, sçavez-vous que l'on a ordinairement un trop grand appetit, & principalement des viandes qui ont esté défenduës pendant la maladie ?

Je le sçay fort bien, repliqua Pamphile ; & c'est pour cela que l'on ordonne au convalescent un regime de vivre, jusques à ce que son estomac soit en estat de digerer toutes sortes de viandes, & d'en faire de bon sang. C'est pourquoy aprés le remede de six ans, dont je viens de vous parler, je voudrois que les Peintres copiassent sans discontinuer deux ou trois ans, des Tableaux du Titien, & des autres qui ont bien entendu le Coloris ; & qu'ils fissent tous leurs efforts pour en découvrir l'artifice, jusqu'à ce qu'ils eussent pris une bonne habitude, &

qu'ils fuſſent en eſtat de ſe ſervir utilement de toutes leurs Couleurs.

Le regime eſt merveilleux, dit Damon en ſe mettant à rire : mais je ne tiens pas, continua-t-il, que l'execution en ſoit aiſée. Les Tableaux bien conduits de Lumieres & de Couleurs, tels que vous les demandez, ſont rares, & la difficulté de les avoir pour quelque temps, eſt aſſez grande.

L'amour eſt ingenieux, repliqüa Pamphile, & quand on aime bien, l'on ne trouve rien de difficile.

Quoy vous voulez, luy dis-je, que le Peintre traite ſon Art, comme un amant fait ſa maîtreſſe?

Oüy, répondit Pamphile, ſi luy-meſme à ſon tour en veut eſtre careſſé : c'eſt pourquoy je vous diſois tout à l'heure, que pour obtenir les bonnes graces de la Peinture, le plus ſeur eſt de les meriter. Il eſt vray que l'on trouve peu de beaux Tableaux à copier : mais ſi l'on ne peut pas avoir toûjours des Originaux, que l'on ſe contente des belles copies ; que l'on en termine ſeulement les bons endroits, & qu'on neglige, ſi lon veut, le reſte : que l'on voye ſouvent les cabinets des particuliers, & celuy du Roy, toutes les fois qu'on le pourra.

Vous abandonnez bien voſtre amy Rubens dans l'occaſion, interrompit Damon. Eſtes-vous broüillé avec luy, depuis que je vous ay oüy tant priſer ſes Ouvrages ?

Je vous en allois parler, quand vous m'avez interrompu, dit Pamphile, quoy que je n'aye rien à ajoûter à ce que je vous en ay dit autrefois. Je vous diray ſeulement à cauſe de la matiere que nous traitons, & de l'endroit où nous ſommes tombez, que le meilleur conſeil que j'aurois à donner aux Peintres, dont nous parlons (ſi j'eſtois capable de leur en donner) ce ſeroit de voir pendant un an tous les huit jours une fois, la gallerie du Luxembourg, de quitter toutes choſes, & de ne rien épargner pour cela. Ce jour ſeroit ſans doute le plus utilement employé de la ſemaine. Rubens eſt ce me ſemble celuy de tous les Peintres, qui a rendu le chemin qui conduit au Coloris, plus facile & plus debaraſſé : Et l'Ouvrage dont je vous parle, eſt la main ſecourable qui peut tirer le Peintre du naufrage où il ſe ſeroit innocemment engagé.

Il faut joindre cela au regime, dit Damon en ſouriant. Je ſçay bien, continua-t-il, que Rubens eſt un de vos Heros de Peinture,

& que vous avez toûjours estimé l'Ouvrage qui est dans la gallerie du Luxembourg, comme une des plus belles choses qui soient dans l'Europe, si l'on en retranchoit (disiez-vous) en beaucoup d'endroits le goust de Dessein dont il n'est pas question presentement. Mais tout le monde n'est pas de vostre goust, & ceux qui sont d'un sentiment contraire, disent qu'on trouve peu de verité dans les Ouvrages de Rubens, quand on les examine de prés, que les Couleurs & les Lumieres y sont exagerées, que ce n'est qu'un fard, & qu'enfin ce n'est point ainsi que l'on voit ordinairement la Nature.

O le beau fard! s'écria Pampile, & plût à Dieu, mon cher Damon, que les Tableaux qu'on fait aujourd'huy, fussent fardez de cette sorte! ne sçavez-vous pas que la Peinture n'eſt qu'un fard, qu'il eſt de ſon eſſence de tromper, & que le plus grand trompeur en cét Art eſt le plus grand Peintre. La Nature eſt ingrate d'elle-meſme, & qui s'attacheroit à la copier ſimplement comme elle eſt & ſans artifice, feroit toûjours quelque choſe de pauvre & d'un tres-petit gouſt. Ce que vous nommez exageration dans les Couleurs & dans les Lumieres, eſt un admirable induſtrie, qui fait paroiſtre les objets peins plus veritables (s'il faut ainſi dire) que les veritables meſmes. C'eſt ainſi que les Tableaux de Rubens ſont plus beaux que la Nature, laquelle ſemble n'eſtre que la copie des Ouvrages de ce grand Homme. Et quand les choſes aprés eſtre bien examinées ne ſe trouveroient pas juſtes, comme vous le ſuppoſez, qu'importe, pourveu qu'elles le paroiſſent ; puiſque la fin de la Peinture n'eſt pas tant de convaincre l'eſprit que de tromper les yeux.

Cét artifice, dit Damon, eſt à mon avis merveilleux dans les grands Ouvrages.

C'eſt auſſi dans ceux-là, reprit Pamphile, où l'on voit que Rubens l'a rendu plus ſenſible à ceux qui ſont capables d'y faire attention & de l'examiner : car aux perſonnes qui ne s'y connoiſſent que peu, rien n'eſt plus caché que cét Artifice.

Et Vandeik, interrompit Damon, ne trouvera-t-il point icy quelque place ?

Quand je parle de Rubens, reprit Pamphile, j'entens, comme vous ſçavez, toute ſon école. Neanmoins, vous avez raiſon de vouloir que l'on faſſe un cas particulier de cét illuſtre Diſciple ;

puisque s'il n'a pas eu tant de Genie que son Maistre, ny tant de talent pour les grandes executions, il l'a surpassé en bien des rencontres dans certaines delicatesses de l'Art, & il est constant qu'il a fait des carnations plus fraisches & plus veritables que Rubens.

De sorte, dit Damon, que vous seriez fort étonné si vous voyiez un prompt changement dans les Peintres, qui sont dans l'habitude d'un mauvais Coloris.

Oüy certes, répondit Pamphile : car ils prennent un chemin fort opposé à celuy dont je viens de vous parler : mais ce qui me surprend extremement, c'est que la pluspart de ceux qui loüent & qui admirent les Tableaux bien Coloriez, bien loin de prendre la peine de vouloir les imiter dans ce qu'ils font, veulent qu'on donne des loüanges à leur Tableaux qui à l'égard de cette partie, en sont extremement éloignez. Ainsi jugez vous mesme, s'il y a lieu d'esperer ce changement si prompt, lequel ne se peut faire qu'en profitant de la veüe des belles choses.

Il ne laisse pas, interrompit Damon, d'y avoir dans Paris beaucoup de beaux Tableaux.

Ce que vous dites est vray, reprit Pamphile : mais il semble que la veuë de ces beautez ne serve qu'à jetter la pluspart des Peintres dans une profonde letargie, au lieu de les éveiller & de leur ouvrir l'esprit. C'est une insensibilité pour ces choses-là que je ne conçois pas. Vous diriez qu'ils sont comme ces oiseaux de nuit, ausquels la lumiere du Soleil est inutile, & qui ne sçauroient mesme la supporter. En effet, ils regardent avec admiration les Ouvrages d'un Pietre Teſte, qui ſont un cahos d'extravagances, & ils ne connoiſſent pas ſeulement le nom d'Otho Vænius, dont les Ouvrages meritent aſſeurement beaucoup de loüange.

Otho Vænius? repeta Damon. N'eſt-ce pas luy qui a fait les emblêmes d'Horace, celles des Amours divin & profane, & la vie de ſaint Thomas d'Aquin?

Luy meſme, dit Pamphile.

Il eſt vray que je n'en ay jamais oüy parler à aucun Peintre, continua Damon, & c'eſt peut-eſtre qu'il n'a pas fait beaucoup d'ouvrages.

C'eſt pour cela, repliqua Pamphile, qu'on les doit d'autant plus tenir chers & les conſerver plus ſoigneuſement.

Mais il ſemble, dit Damon, que ſes figures ſont un peu courtes.

Si cét excellent Homme, répondit Pamphile, a quelquefois dessiné ses figures un peu courtes, il a bien dequoy se faire estimer d'ailleurs. Il avoit un Genie facile, sage, moderé, & n'empruntoit jamais rien des œuvres d'autruy. Il donnoit à ses Figures tel caractere de passion qu'il vouloit, & les expressions en sont pour la plus part, belles & naturelles. Les pieds & les mains en sont correctement dessinez, les Draperies bien jettées, les plis beaux & dans la place qu'il est necessaire pour marquer agreablement le nud, & pour en conserver les masses. Mais ce qui se voit par excellence dans ses Ouvrages, c'est une admirable intelligence de Lumieres & d'Ombres sur les Figures en particulier, & dans toute l'œconomie de l'ouvrage : enfin l'on y voit un grand art par tout. Aussi ne vous en étonnerez vous pas, quand je vous diray qu'il estoit le Maistre de Rubens. Et avec tous ces avantages, les Livres que vous venez de me nommer, demeurent dans l'oubly, & sont comme enterrez à l'égard des Peintres dont nous parlons, qui ne les connoissent pas.

Il ne faut pas s'en étonner, dit Damon, car il y en a, ce me semble bien peu qui ayent du goust pour ces sortes d'effets de Lumieres.

Mais n'y a-t-il que les Livres d'Otho Vænius, où l'on voye cét agreable artifice du Jour & de l'Ombre.

Pardonnez-moy, répondit Pamphile; tout ce qui se voit de bien gravé d'aprés les Ouvrages du Titien, & d'aprés ceux de l'école de Rubens, en donne encore l'intelligence.

Et qu'appellez-vous bien graver, reprit Damon ? Est-ce couper le cuivre hardiment comme Goltius, ou poliment comme Bloëmart & Natalis ?

Ce n'est pas cela precisément, repliqua Pamphile, la premiere façon que vous attribuez à Goltius n'y est pas mesme fort propre; puisque pour bien graver, il ne faut pas, s'il est possible, que le graveur se fasse reconnoistre dans son Ouvrage : il doit simplement faire en sorte que l'Estampe gravée fasse le mesme effet (à la Couleur prés) que le Tableau qu'on se propose d'imiter.

Tous les graveurs, dit Damon, ne font-ils pas cela ?

Non vrayment, repartit Pamphile, & il y en a peu qui le sçachent faire, lors principalement qu'ils ont à graver un Tableau bien Colorié & bien entendu de

Lumieres & d'Ombres. Ils en imitent les figures comme ſi elles eſtoient de Sculpture, & comme d'une meſme Couleur. Cependant les oppoſitions qui ſe trouvent dans les Tableaux par les differens tons des Couleurs, contribuant extremement à leur donner de la force, ce n'eſt pas merveille ſi leurs Eſtampes paroiſſent fades, & ſi bien loin de donner de l'eſtime pour les Originaux, elles ne ſervent qu'à les deshonorer. Ce n'eſt pas qu'il ſoit toûjours neceſſaire d'imiter les corps des Couleurs par les degrez du clair-obſcur; mais il ſe trouve ſouvent des occaſions où il le faut faire indiſpenſablement. Pour les manieres polies que vous attribuez à Bloëmart & à Natalis, elles ſont ſans contredit les plus agreables, quand les choſes, dont je viens de vous parler, s'y rencontrent.

Mais parmy toutes les Eſtampes où l'on voit ce bel artifice du Clair-obſcur, celles qui ont eſté gravées d'aprés les œuvres de Rubens, me ſemblent d'une beauté incomparable.

Et moy, dit Damon, j'ay veu de nos Peintres & des plus habiles, qui ne pouvoient ſouffrir ces Eſtampes ; parce que, diſoient-ils, elles ſentoient le Flamand.

Si par ſentir le Flamand, reprit Pamphile, ils entendent eſtre deſſiné d'un gouſt qui ſente l'air du païs, on peut leur pardonner cette delicateſſe ; mais ſi par ſentir le Flamand, ils entendent faire un grand effet, & tromper les yeux par des objets qui paroiſſent veritables, & par l'artifice des Lumieres & des Ombres qu'ils n'ont pas accoûtumé de voir ailleurs, ils n'ont aſſurement pas raiſon. Il faut eſtimer les choſes pour ce qu'elles valent : Il n'y a point de Tableau parfait, & les plus beaux ne sont estimez tels, que pour estre les moins mal. Il est donc ridicule de mépriser un ouvrage qui n'est defectueux que par une seule chose, quand il est recommandable par beaucoup d'autres : Si le Dessein n'est pas ce qu'on doit estimer davantage dans les Estampes de Rubens, il y a assez d'autres parties qui les rendent considerables ; & qui malheureusement pour les Peintres dont vous parlez, ne leur sont point connuës, & la maniere dont vous dites qu'ils les rejettent, est une grande conviction de leur ignorance.

Je les interrompis là-dessus, pour leur demander ce que l'Academie avoit conclud sur cette matiere.

Rien, me répondit Pamphile, & je trouve qu'ils ont fait sagement. Il ne faut pas se presser si fort de conclure ; il est bon de reprendre à plusieurs fois les matieres qui sont de quelque consequence : les lumieres ne viennent pas tout d'un coup, & ce que l'on a condamné dans un temps, est bien souvent approuvé dans un autre, par des raisons plus fortes. Il faut chercher de bonne foy la verité, & s'y rendre quand on l'a une fois trouvée.

Il est vray, dit Damon, que voila la troisiéme conference qui se fait sur cette matiere. Mais quand on auroit decidé quelque chose, seroit-ce un crime de revenir contre, & de proposer ses raisons.

Je ne le croy pas, dit Pamphile. La verité doit estre toûjours bien receuë, & l'on doit fléchir le genoüil devant elle en tout temps & en tout lieu.

Damon voulut encore demander quelque chose ; mais Pamphile le faisant souvenir qu'il estoit tard, luy dit que ce seroit pour une autre fois. Là-dessus aprés quelques civilitez de part & d'autre, ils se retirerent chez eux, & me laisserent fort satisfait de leur entretien.

FIN.

Ce terme a esté obmis dans son ordre.

GROUPPE

EST un amas de plusieurs corps assemblez en un peloton ; & l'on dit Grouppe de Figures, Grouppe d'animaux, Grouppe de fruits, &c. Il y en peut aussi avoir de corps de diverse nature, & l'on dit telle & telle choses font Grouppe avec telle & telle autres. Les Italiens disent, *Groppo*, qu'ils ont pris du mot Latin, *Globus*.

www.ingramcontent.com/pod-product-compliance
Lightning Source LLC
LaVergne TN
LVHW050541100826
845148LV00002B/637